AF302650

LA BATAILLE DE POITIERS

Charles Martel et l'affirmation
de la suprématie des Francs

Par Aude Cirier

50MINUTES.fr

LA BATAILLE DE POITIERS

INTRODUCTION

Connue sous le nom de « bataille de Poitiers » – plus rarement sous celui de « bataille de Tours » –, cette bataille opposa, le 25 octobre 732, à quelques kilomètres de la capitale poitevine, les Francs dirigés par le maire du palais austrasien, Charles (le futur Charles Martel), venus en aide au duc Eudes d'Aquitaine, aux troupes arabo-berbères dirigées par le gouverneur de Cordoue Abd al-Rahmân al-Ghâfiqî.

Bien qu'il soit aujourd'hui impossible, faute de sources précises, d'affirmer avec certitude où et quand la bataille a eu lieu et quelles étaient les forces en présence, il a été longtemps retenu que la victoire des Francs avait marqué un coup d'arrêt définitif dans l'expansion musulmane en Occident. Or, il convient d'ores et déjà de préciser que la bataille de Poitiers se pose, en réalité, plus comme une riposte défensive à un raid orchestré par les troupes arabes visant le sanctuaire de Saint-Martin de Tours que comme un véritable coup d'arrêt asséné à une tentative de conquête de la Gaule par les Omeyyades (dynastie de califes qui a régné, entre 660 et 750 et depuis Damas, sur un empire établi tout autour du bassin méditerranéen).

DONNÉES-CLÉS

- **Quand ?** Le 25 octobre 732
- **Où ?** À Moussais (renommé Moussais-la-bataille), commune de Vouneuil-sur-Vienne située entre Poitiers et Châtellerault (France)
- **Contexte ?** L'expansion musulmane en Occident et la guerre de pouvoir en zone franque
- **Belligérants ?** Le Royaume franc et le duché d'Aquitaine contre le califat omeyyade de Damas
- **Acteurs principaux ?**
  - Charles, surnommé plus tard Charles Martel, prince des Francs (vers 684-741)
  - Eudes d'Aquitaine, duc d'Aquitaine (milieu du VIIe siècle-735)
  - Abd al-Rahmân al-Ghâfiqî, gouverneur de Cordoue (mort en 732)
- **Issue ?** Victoire franque
- **Victimes ?**
  - Camp des Francs et des Aquitains : environ 1 000 morts
  - Camp des Omeyyades : environ 12 000 morts

CONTEXTE POLITIQUE ET SOCIAL

Avant toute chose, il est utile de préciser les limites inhérentes au sujet : contrairement aux conflits plus récents, les sources relatives à la bataille de Poitiers sont relativement peu nombreuses. L'archéologie n'est ici d'aucun secours et les sources littéraires doivent être soumises à un examen approfondi pour éviter l'écueil de prendre pour argent comptant les informations livrées par des chroniqueurs souvent partiaux. Par ailleurs, les sources contemporaines ou immédiatement postérieures à l'événement fournissent peu de détails sur le sujet. Quelques chroniques latines qui n'ont pas vocation particulière à traiter de ce sujet – comme celle de Bède le Vénérable (bénédictin anglo-saxon et docteur de l'Église, 672-735), *Histoire ecclésiastique de la nation anglaise* (735), ou la *Continuation de la chronique de Frédégaire* (composée vers 736) ou encore la *Chronique de Moissac* (compilée au début du IXe siècle) – brossent à grands traits les progrès des troupes arabes en Gaule, les pillages perpétrés, ou encore le « châtiment » infligé aux Arabes à Poitiers. La meilleure description – s'il en est – se lit dans une chronique mozarabe (chronique latine composée par un auteur chrétien de Cordoue, vers 754) intitulée *Epitoma imperatorum* (connue en français sous le titre de *Chronique rimée des derniers rois de Tolède et de la conquête d'Espagne par les Arabes*). Du côté arabe, rares sont les sources contemporaines ou immédiatement postérieures à la bataille à mentionner l'épisode. On peut cependant citer la *Conquête de l'Égypte, de l'Afrique du Nord et de l'Espagne* de l'historien égyptien Ibn Abd al-Hâkam (milieu du IXe siècle). Les autres historiens passent cette bataille sous silence. Il est donc particulièrement difficile d'estimer les forces en présence et la plupart des données dont nous disposons sont extrêmement controversées. On peut cependant avancer avec toute la prudence nécessaire les chiffres de 15 000 à 20 000 hommes pour les Francs et les Aquitains (dont 1 000 victimes) et de 20 000 à 25 000 pour les troupes omeyyades (dont 12 000 victimes, parmi lesquelles se trouve Abd al-Rahmân al-Ghâfiqî).

LE CALIFAT OMEYYADE À LA CONQUÊTE DE L'OCCIDENT

Un pouvoir venu d'ailleurs

Dirigé depuis Damas, le califat omeyyade représente au début du VIIIe siècle un empire démesuré, qui s'étend des frontières de l'Inde à l'Atlantique. Depuis la fin du VIIe siècle, il a conquis une grande partie des territoires orientaux de l'Empire byzantin, a attaqué Constantinople (anciennement Byzance et aujourd'hui Istanbul) et s'est définitivement emparé de l'Afrique du Nord avec la prise de Carthage en 702, au terme d'une conquête qui a duré plusieurs décennies. Arrivées en Europe par ce qui sera le futur Gibraltar, les troupes du calife s'emparent de la quasi-totalité de la péninsule Ibérique face à des Wisigoths (peuple d'origine germanique) peu combatifs et divisés. En effet, la monarchie wisigothique est, depuis le siècle précédent, en pleine déliquescence, de plus en plus fragilisée par les émeutes et les complots. La conquête de la péninsule débute au printemps 711 avec plusieurs raids de reconnaissance. On retiendra essentiellement la défaite du roi wisigoth Rodéric (ou Rodrigue, mort en 711) sur le fleuve Guadalete, près de Cadix, face aux 7 000 Berbères (population de l'Afrique septentrionale et saharienne) menés par Târik ibn Ziyâd (chef berbère, VIIIe siècle), au service de Mûsâ ibn Nusayr (640-718), alors gouverneur de l'Afrique du Nord, agissant pour le compte du calife de Damas. Cette bataille marque la déroute de la monarchie wisigothique : décapitée avec la mort de Rodéric sur le champ de bataille, la noblesse est décimée. Rapidement, les places cèdent les unes après les autres face à l'avancée omeyyade : Cordoue, Séville, Tolède (capitale du royaume wisigothique), Saragosse, etc.

BON À SAVOIR

La dynastie des califes omeyyades gouverne, entre 660 et 750, l'empire conquis tout autour du bassin méditerranéen. Leur capitale est Damas. La bataille de Poitiers prend place durant le règne du calife Abu al-Walid Hisâm (691-743), règne marqué par l'apogée militaire du califat.

Pour conforter leur emprise sur ces nouvelles terres, les Arabes usent de la négociation et imposent le versement de lourds tributs. Il n'a fallu qu'entre trois et cinq ans aux gouverneurs pour mener à bien la conquête d'*al-Andalus* (en français « islam d'Espagne », qui désigne les terres hispaniques soumises à la domination musulmane) et pour islamiser le pays pour le compte du calife. Toutefois les conversions, dont les premières ont lieu durant le règne de Walîd Ier (mort en 715), ne sont pas systématiques et les populations continuent à pratiquer leur religion (le judaïsme et le christianisme) en échange du paiement d'un impôt (le *djizya*).

Un essoufflement de la conquête

Si, de 711 à 756, une vingtaine de gouverneurs agissant au nom du calife de Damas se succèdent à la tête d'*al-Andalus*, les liens avec la capitale commencent à se distendre à partir de 725. L'éloignement avec le pouvoir central, la montée des autonomies dans la péninsule, les problèmes de répartition du butin, les ententes et alliances locales avec les populations indigènes ou encore les révoltes berbères provoquent autant de luttes intérieures qui fragilisent le pouvoir central, essoufflent l'élan de conquête vers le nord voire interdisent toute nouvelle offensive permettant l'expansion territoriale d'*al-Andalus*.

Une fois installés dans la péninsule, les musulmans portent leur regard de l'autre côté des Pyrénées. L'expansion connaît alors une nouvelle phase : c'est en effet sous la forme de *gazawat* (« razzias ») ponctuels que les troupes du calife pénètrent en Gaule. Elles s'attaquent d'abord à la Septimanie, terre wisigothique (qui correspond au Languedoc méditerranéen et au Roussillon). De nombreuses places font alors l'objet d'incursions : Narbonne tombe en 719, Carcassonne en 725. Toutefois, les tentatives arabes ne sont pas toutes couronnées de succès. En 721, le duc Eudes d'Aquitaine parvient à briser le siège établi devant Toulouse et à repousser les attaques du *wâlî* (« gouverneur ») Al-Samh ibn Malik al-Khawlani (mort en 721). À la même période, en Orient, les troupes arabes rencontrent de nouvelles difficultés face à l'Empire byzantin et échouent devant Constantinople (718).

Au début des années 730, le mouvement de conquête s'essouffle, et ce pour plusieurs raisons :

- l'effet de surprise des premiers temps s'est dissipé ;
- nombre de combattants – notamment les Berbères qui voyagent avec leurs familles – souhaitent à présent se sédentariser et profiter du produit de leur conquête, tandis que l'éloignement des grands centres du califat et de la capitale en particulier complique l'intendance d'un tel empire ;
- enfin, parvenues à la lisière des régions aux conditions climatiques proches de leurs contrées d'origine, les troupes arabes sont désormais confrontées à un climat hostile où se mêlent froid et humidité, auxquels elles ne sont pas habituées.

L'AFFIRMATION DES PIPPINIDES ET LA MISE EN PLACE DU SYSTÈME CAROLINGIEN

Profitant de la chute de l'Empire romain en 476, Childéric Ier (vers 458-481/482), chef germanique à la tête des Francs Saliens, établit un royaume depuis la vallée de l'Escaut jusqu'à la vallée de la Somme. Son fils Clovis (465-511) étend son royaume au détriment des Romains vers le Sud et l'Est (en remportant notamment la victoire dite de Soissons en 486), des Alamans (peuple germanique) repoussés au-delà du Rhin en 505, des Wisigoths (avec la victoire de Vouillé, près de Poitiers, en 506/507) et des Francs Ripuaires (510). Le baptême de Clovis par l'évêque Rémi (à une date estimée entre 498 et 508) fait du royaume des Francs le premier royaume barbare catholique. Ses fils conquièrent à leur tour le royaume des Burgondes (peuple d'origine scandinave) en 534 et la Provence en 537. Mais la stabilité et la puissance du royaume franc sont menacées par les problèmes de succession (tout d'abord à la mort de Clovis en 511, puis à la mort de Clotaire Ier en 561). En effet, en dépit du maintien théorique d'un pouvoir royal unique, chaque fils du roi prétend à une partie du royaume. Les divisions et les guerres s'enchaînent, provoquant l'individualisation de trois royaumes : la Neustrie (entre la Seine et la Loire), l'Austrasie (au nord-est) et la Burgondie (au sud-est). L'Aquitaine qui fait partie du royaume franc est, quant à elle, divisée en trois. Devenue une zone de contrôle difficile, elle obtient rapidement son autonomie. Plus éloignés, d'autres peuples tels que les Frisons dans le Bas-Rhin ou encore les Vasques dans le sud-ouest de la Gaule menacent les frontières du royaume franc. Entre 570 et 613, Neustriens et Austrasiens s'affrontent violemment dans une *faide* (une vengeance privée) favorisant la montée en puissance de l'aristocratie qui choisit, dans les différents royaumes, le maire du palais. Parmi ces familles aristocratiques en pleine ascension, se distingue celle de Pépin de Landen (vers 580-640) – dit aussi Pépin l'Ancien – qui, dès 613, prend la tête de la mairie du palais d'Austrasie.

Bon à savoir

Sous les Mérovingiens, le terme « maire » désigne « l'administrateur des domaines royaux, responsable des "domestiques" du palais et de ses déplacements, puis gouverneur de tous ses membres, responsable du Trésor et de l'armée » (Touati (François-Olivier), *Vocabulaire historique du Moyen Âge*, Paris, La Boutique de l'Histoire éditions, 2000, p. 190). Devenu l'équivalent d'un Premier ministre, son pouvoir ne cesse de s'accroître au point de permettre à Pépin le Bref (715-768), fils de Charles Martel, de se substituer officiellement au roi en 751.

Crise successorale et rivalités au palais

En 687, le petit-fils de Pépin l'Ancien, Pépin de Herstal (645-714) – ou Pépin le Jeune –, maire du palais d'Austrasie depuis 679, remporte la victoire sur le maire du palais de Neustrie, lors de la bataille de Tertry. Il prend alors le titre de *princeps Francorum* (« prince des Francs »). Il n'écarte cependant pas le roi mérovingien, qui garde son titre en dépit d'un pouvoir inexistant. Dès lors, Pépin de Herstal tente de redonner au royaume mérovingien ses anciennes frontières : au sud de la Loire, son autorité est nulle, de même qu'en Bourgogne. Lorsqu'il meurt, le 16 décembre 714, une crise successorale éclate : c'est son petit-fils Théodoald, fils du maire du palais de Neustrie Grimoald, âgé de seulement six ans, qui est appelé à lui succéder, sous la régence de sa grand-mère Plectrude (VIIe-VIIIe siècle), première épouse de Pépin de Herstal. Par peur de se voir écartée du pouvoir, celle-ci fait aussitôt enfermer Charles, un autre fils – illégitime cette fois – de Pépin de Herstal, pour éviter qu'il ne réclame le titre de maire du palais et qu'il n'évince Théodoald. Toutefois, la présence d'une femme et d'un enfant à la tête du pouvoir ouvre une brèche dans laquelle s'engouffrent tous les grands du royaume qui veulent se libérer de la forte emprise qu'exerçait jusqu'alors le maire du palais. Une révolte éclate : les grands de Neustrie portent à la mairie du palais Ragenfred – ou Rainfroi (mort en 731) – et chassent les fidèles de la régente. En 715, la mort du roi mérovingien Dagobert III (699-715) permet à la noblesse neustrienne de réaliser un nouveau coup de force : le défunt roi ne laisse en effet qu'un fils encore enfant, Thierry (mort en 737), qu'ils parviennent à évincer. À sa place, ils imposent un clerc nommé Daniel (fils de Childéric II) qui est couronné sous le nom de Chilpéric II (670-721). S'alliant ainsi aux Frisons et aux Saxons, victimes du « rouleau compresseur austrasien » (LEBECQ (Stéphane), *Nouvelle histoire de la France médiévale. Les origines franques (V*^{e}*-IX*^{e}* siècles)*, Paris, Seuil, 1990, p. 192), Ragenfred lance plusieurs expéditions victorieuses contre les Austrasiens et contre Plectrude dont il finit par obtenir, en 716, le trésor du royaume neustro-burgonde.

La confusion ainsi générée permet au même moment à Charles de s'évader de prison. Il rallie à sa cause les Austrasiens vaincus et remporte sur

Ragenfred et ses hommes deux victoires : la première en 716 sur l'Amblève (près de Malmédy) et la seconde en 717 à Vinchy (près de Cambrai). Fort de ses succès, Charles mène à partir de 719 plusieurs expéditions punitives contre les peuples du nord alliés des Neustriens. Après avoir chassé les Saxons, il entreprend la reconquête d'une partie de la Frise cisrhénane que son père avait soumise. Au même moment, Ragenfred s'allie avec Eudes, duc d'Aquitaine, dont les troupes ont déjà franchi la Loire et rallié les armées neustriennes près de Paris. Entre Senlis et Soissons, à Néry, le 14 octobre 719, Charles met en fuite ses deux adversaires : Ragenfred se replie à Angers où il établit une solide principauté qui résistera jusqu'en 731 à l'autorité de Charles, tandis qu'Eudes retraverse la Loire, emmenant dans sa suite Chilpéric II et surtout le très riche trésor constitué de précieuses étoffes et de pièces d'orfèvrerie. Vers 720-721, Charles propose à Eudes d'Aquitaine de faire la paix en échange du roi et du butin. De son côté, il accepte de reconnaître son titre de *princeps Aquitaniae* (« prince d'Aquitaine ») et, afin de s'assurer du soutien des Neustriens, il reconnaît même Chilpéric II comme *rex Francorum* (« roi des Francs »). À la mort de ce dernier en 723, c'est bien le fils déchu de Dagobert III, Thierry – désormais Thierry IV –, que Charles place sur le trône, s'assurant ainsi de garder les mains libres. Dès lors, en Neustrie trône un roi fantoche sous la tutelle d'un maire du palais austrasien tout-puissant.

Clientélisme et défense de la chrétienté : les bases du système carolingien

Face à l'émiettement des royaumes, la sécurité est prise en charge par une puissance émergente : l'aristocratie. Afin de garantir leur pouvoir, les grands mettent en place un système de protection octroyée à des guerriers domestiques qui s'attachent à eux, en échange d'une recommandation. Ce nouveau clientélisme laisse apparaître les prémisses d'un schéma social – en l'occurrence la vassalité – qui s'affirmera sous les Carolingiens (dynastie succédant aux Mérovingiens) et sur lequel Charles Martel s'appuie sur ce maillage serré pour conforter sa position à la tête de l'Austrasie.

En ces temps de crise générale, l'Église tente également de faire face aux différents dangers venus à la fois de l'intérieur et de l'extérieur. Les hommes d'Église se mêlent alors à la politique, cherchent à obtenir des privilèges, et perdent ainsi toute véritable influence religieuse. Face à la résurgence du paganisme et à l'avancée de l'islam, face à la politisation du clergé séculier, des réponses sont trouvées dans les monastères, seules entités qui manifestent un réel dynamisme religieux et culturel. En encourageant les missions d'évangélisation, Charles Martel offre sa protection à Boniface (de son vrai nom Wyndrid, né vers 675 et martyrisé en 754), un moine d'origine anglo-saxonne, qui assure l'évangélisation de la Germanie et qui, sur nomination du pape Grégoire III (mort en 741), devient évêque (722) puis évêque de Fulda (732). Intermédiaire incontournable dans l'établissement de nouvelles relations entre la papauté et les rois francs, Boniface devient un allié de choix pour servir les prétentions de Charles Martel à se poser en « champion et défenseur » du christianisme face au péril croissant qu'incarne l'islam. Son but est de fédérer les différents peuples périphériques (ceux de Hesse, de Thuringe et de Bavière notamment) autour du royaume des Francs grâce à une politique soutenue de christianisation. L'évangélisation devient alors une « véritable entreprise publique » (ROUCHE (Michel), *Le Moyen Âge en Occident*, Paris, Armand Colin, 1990, p. 50), faisant du nouveau détenteur du pouvoir temporel l'allié premier du spirituel. Cette alliance constitue le deuxième pilier sur lequel la dynastie carolingienne va asseoir son autorité sur l'Europe.

L'avancée de l'islam en Septimanie fournit donc à Charles Martel un prétexte idéal pour intervenir en Aquitaine. Tandis qu'on aurait pu croire le duc Eudes d'Aquitaine au faîte de sa puissance après la victoire acquise sur les troupes du *wâlî* Al-Samh ibn Malik al-Khawlani à Toulouse en 721, l'Aquitain conclut, pour se prémunir d'une nouvelle attaque musulmane, une alliance avec le chef berbère Munûsa, maître de la Cerdagne (région des Pyrénées orientales), alors en rébellion contre le nouveau *wâlî* Abd al-Rahmân. Charles Martel profite alors de l'occasion pour dénoncer l'alliance des Aquitains avec les infidèles et se lance en 731 dans une campagne au sud de la Loire à double visée : à la clef, un riche butin et surtout la domination du Sud-Ouest qui, jusqu'à présent, lui échappe. Aussi, quand un an plus tard, Eudes d'Aquitaine le prie d'intervenir à

ses côtés contre les raids menés par les troupes
arabo-berbères, Charles Martel n'hésite pas.

ACTEURS PRINCIPAUX

CHARLES MARTEL, MAIRE DU PALAIS ET PRINCE DES FRANCS

Fils du maire du palais Pépin de Herstal et d'une épouse de second rang, Alpaïde, Charles parvient à obtenir l'héritage de son père grâce au soutien de l'aristocratie austrasienne contre les Neustriens, les Frisons, les Alamans et les Bourguignons, et devient à son tour maire du palais. À partir de 720-721, son pouvoir s'affirme au point qu'à la mort du roi mérovingien Thierry IV en 737, il ne lui désignera pas de successeur. Dès le IXe siècle, les chroniqueurs le surnommeront *Martellus* (« marteau ») afin de souligner l'efficacité avec laquelle il a su imposer son pouvoir et se poser comme chef à la tête des Francs. La victoire de 732 sur les Arabes lui permet d'asseoir la suprématie franque sur une Aquitaine rebelle. Fort de ce succès, il soumet en 736 et 739 la Septimanie et la Provence grâce à Liutprand (mort en 744), roi des Lombards. Il meurt le 22 octobre 741 et est inhumé à Saint-Denis, auprès des rois mérovingiens.

EUDES, DUC D'AQUITAINE

Lorsqu'Eudes accède à la tête de l'Aquitaine, le duché s'étend des Pyrénées jusqu'à la Loire. Entre 687 et 715, il parvient à faire tomber dans l'escarcelle aquitaine le Nivernais (territoire correspondant presque à la Nièvre actuelle), le Vivarais (Ardèche) et une partie de la Provence, qu'il prend aux rois de Neustrie et d'Austrasie. Il s'allie ensuite aux grands de Neustrie pour s'opposer à Charles Martel dont le pouvoir ne cesse de s'affirmer. Mais cette alliance ne dure pas et, vers 720, Eudes est contraint de se rapprocher de Charles Martel avec qui il conclut un traité de paix : il lui livre Chilpéric, roi de Neustrie, et renonce à poursuivre sa lutte contre Charles Martel. Il triomphe d'Al-Samh ibn Malik al-Khawlani en 721 devant Toulouse, mais ne parvient pas à contenir l'ensemble des mouvements des troupes arabes qui prennent Nîmes et Carcassonne quatre ans plus tard. En 731, il s'allie au chef berbère, Munûsa, à la tête de la Cerdagne, à qui il donne sa fille en mariage. Mais Munûsa est tué lors de l'expédition punitive contre la forteresse d'al-Bâb (sans doute Puycerda) en 731 par les hommes du *wâlî* Abd al-Rahmân al-Ghâfiqî. Lorsque les Omeyyades lancent une nouvelle offensive vers le Nord, ils pillent l'Aquitaine et Bordeaux, contraignant Eudes d'Aquitaine à chercher du secours auprès de Charles Martel. À la suite de la victoire franque à Poitiers, Eudes reconnaît l'autorité de Charles Martel. Il meurt en 735.

ABD AL-RAHMÂN AL-GHÂFIQÎ, GOUVERNEUR DE CORDOUE

Abd al-Rahmân al-Ghâfiqî a participé à la conquête d'*al-Andalus* à partir de 711. Après l'échec des troupes arabo-berbères face à Toulouse en 721, c'est lui que le *wâlî* de Cordoue choisit pour conduire les troupes outre-Pyrénées. Devenu gouverneur à son tour dix ans plus tard, il mate la rébellion de Munûsa, chef berbère qui s'est allié au duc d'Aquitaine. Il mène ses troupes à la victoire à Bordeaux, mais est arrêté dans sa remontée vers Tours par Charles Martel et ses hommes. Il meurt sur le champ de bataille le 25 octobre 732.

ANALYSE DE LA BATAILLE

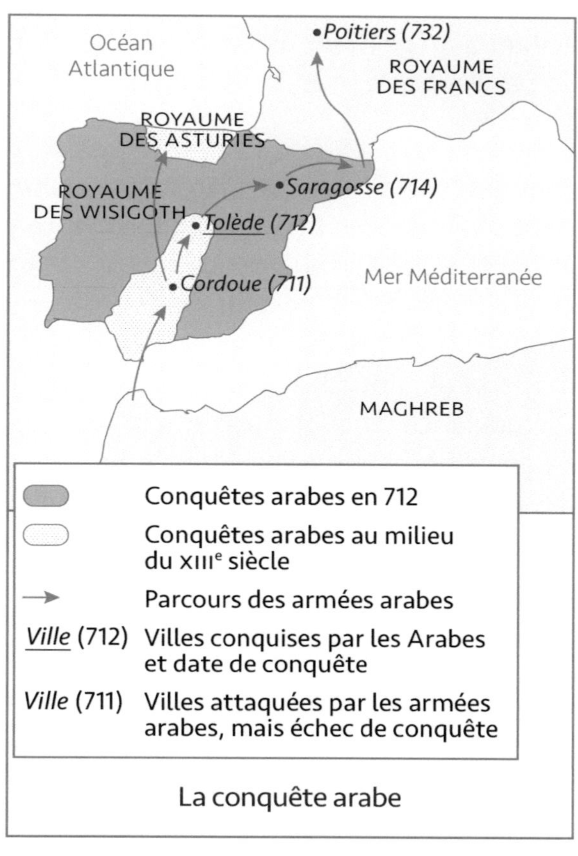

PRÉMISSES DE LA BATAILLE

Attaquée au sud par les troupes omeyyades, l'Aquitaine fait face à de nouvelles difficultés lorsque les troupes arabo-berbères passent les Pyrénées. En 721, le *wâlî* Al-Samh ibn Malik al-Khawlani assiège Toulouse, mais Eudes d'Aquitaine parvient à repousser l'attaque et à tuer le gouverneur.

Notons que, même si le duc d'Aquitaine craint les attaques venues des Pyrénées, il n'en reste pas moins qu'il se méfie toujours de Charles Martel, dont les prétentions portent toujours sur son territoire. En 731, il fait donc alliance avec un chef berbère, Munûsa, aux fortes velléités d'indépendance, auquel il accorde la main de sa fille Lampégie comme garantie de ce nouveau pacte. Rebelle, Munûsa refuse d'obéir aux ordres donnés par Abd al-Rahmân al-Ghâfiqî d'attaquer les chrétiens dans le Sud de la Gaule et voit se déchaîner contre lui les troupes du gouverneur. Il meurt lors de l'affrontement dans la forteresse d'al-Bâb. Décapité, sa tête est envoyée à Damas en guise de trophée, symbole d'une rébellion matée, et sa femme y rejoint le harem du calife.

En 732, plutôt que d'attaquer Toulouse, marqué dans les esprits du sceau de la défaite, le nouveau gouverneur Abd al-Rahmân al-Ghâfiqî préfère attaquer par l'ouest, avec comme buts Tours et le richissime sanctuaire de Saint-Martin. Il écrase Eudes d'Aquitaine devant Bordeaux, pille et dévaste les faubourgs de la ville, puis entame sa remontée vers Tours.

LE DÉROULEMENT DE LA BATAILLE

Comme évoqué précédemment, peu de sources font état avec précision de ce qui s'est passé dans la campagne poitevine, un jour d'automne 732. Si les historiens s'accordent aujourd'hui sur la date, une grande inconnue demeure : les forces en présence.

La *Chronique de Moissac* compilée vers 818 – dont le texte s'appuie sur des documents plus anciens pour la période 717-776 – relate l'appel à la guerre sainte lancé par le gouverneur Abd al-Rahmân al-Ghâfiqî en 731 à Pampelune (Navarre). Il réunit ainsi près de 20 000 hommes venus d'Orient et de Berbèrie. Passés par Roncevaux, ils pillent l'Aquitaine sans rencontrer de résistance, parviennent à Bordeaux, s'emparent d'Angoulême, de Périgueux et de Saintes. Désormais, les troupes arabo-berbères n'ont qu'un seul objectif : atteindre la Loire pour piller Saint-Martin de Tours, s'emparer de ses reliques et du très riche trésor, constitué d'étoffes précieuses et de pièces d'orfèvrerie, déposé auprès du sanctuaire par les pèlerins. Le duc d'Aquitaine, Eudes, implore Charles Martel, « prince des Francs », de lui porter secours. La *Chronique* fait alors mention de « l' armée nombreuse » que ce dernier est parvenu à réunir, de la mise en déroute des Sarrasins qui ont pris « la fuite et sont repartis en Espagne » (*Chronicon Moissiacense*, a. 732, éd. G. Pertz, *Monumenta Germaniae Historica, Scriptores*, t. I, cité par Levillain (Léon) et Samaran (Charles), « Sur le lieu et la date de la bataille dite de Poitiers de 732 », Paris, Bibliothèque de l'école des Chartes, 1938, vol. 99, n°99, p. 245. La traduction est nôtre). Un autre texte – généralement désigné sous le titre de Continuation de la chronique de Frédégaire, rédigé dès 736 sur ordre de Childebrand, frère de Charles Martel, lui-même participant à l'événement – rapporte l'épisode de la bataille de la manière suivante :

> Les Sarrasins sortent de chez eux avec leur roi du nom d'Abdirama, franchissent la Garonne, parviennent à Bordeaux ; puis, détruisant par le feu les églises, massacrant les populations, ils s'avancèrent jusqu'à Poitiers ; après avoir incendié la basilique Saint-Hilaire, ils décident de ruiner de fond en comble celle de Saint-Martin [de Tours]. Contre eux, le prince Charles range audacieusement ses troupes en bataille. (*ibid.* p. 244)

Ainsi, les deux textes s'accordent sur le but poursuivi par les troupes d'Abd al-Rahmân al-Ghâfiqî : atteindre le sanctuaire de Saint-Martin de Tours. Mais c'était sans compter sur l'intervention de Charles Martel et de ses hommes dans la campagne de Poitiers. Après une semaine d'escarmouches, l'affrontement final a lieu le 25 octobre 732 : Abd al-Rahmân al-Ghâfiqî lance ses troupes à cheval sur les hommes de Charles Martel, mais ses hommes se heurtent à un véritable rempart humain constitué des Francs, épées à la main pour les plus riches et lances pointées sur l'ennemi. C'est grâce à la « solidité d'une formation défensive bien organisée » (Guichard (Pierre), *Al-Andalus. 711-1492. Une histoire de l'Espagne musulmane*, Paris, Fayard,

2011) que les Francs remportent la victoire. Les troupes arabo-berbères tentent alors de se replier et sont prises à revers par les soldats du duc d'Aquitaine. Abd al-Rahmân al-Ghâfiqî tombe et meurt sur le champ de bataille. Le 26 octobre, tandis qu'ils s'apprêtent à livrer à nouveau bataille, les Francs découvrent les tentes du campement arabe vides : leurs ennemis, sans doute désemparés de ne plus avoir de chef, se sont enfuis avec pour seul mot d'ordre celui de retourner sur leurs terres.

RÉPERCUSSIONS DE LA BATAILLE

CONSÉQUENCES IMMÉDIATES

On l'a vu, la bataille de Poitiers s'inscrit d'un côté dans le cadre d'une conquête omeyyade à bout de souffle et, de l'autre, dans le processus de réaffirmation du pouvoir franc. Si, d'un point de vue historiographique, son importance a été pendant longtemps exagérée, il convient de souligner que la confrontation de 732 représente un sérieux revers pour les troupes venues d'Espagne tout comme elle marque une étape importante dans l'affirmation des Pippinides – futurs Carolingiens. Elle met certes un coup d'arrêt aux incursions musulmanes en Gaule, mais elle ne met en aucun cas un terme définitif à la présence musulmane au nord des Pyrénées, puisque les troupes omeyyades conservent Narbonne jusqu'en 759 et que les incursions se multiplient encore pendant près d'un siècle.

Jusqu'à présent, les troupes du califat omeyyade n'avaient rencontré véritablement que peu de résistance dans leur progression. En effet, la conquête de la péninsule Ibérique s'était faite sans difficultés et les premières incursions en Gaule avaient été, dans la majorité des cas, couronnées de succès. Toutefois, la montée – ou plutôt le redressement – des nouveaux États, dont celui des Francs sous l'autorité de Charles Martel, a modifié la donne, provoquant de véritables difficultés auxquelles le califat n'était pas en mesure de répondre. Jadis plus intéressés par le butin que par une véritable sédentarisa-tion, c'est en renonçant à s'implanter outre-Pyrénées – au lendemain de la bataille de Poitiers en 732 – que les questions de sédentarisation et d'organisation se posent aux gouvernants de la péninsule. L'éloignement du pouvoir central et les révoltes qui essaiment dans l'ensemble du califat à partir des années 720 provoqueront la chute des Omeyyades en 750 et l'apparition d'un nouvel émirat ibérique indépendant autour de Cordoue.

Du côté des Francs, la bataille de Poitiers permet à Charles Martel de restaurer l'autorité franque sur l'ensemble du royaume mérovingien déliquescent, de faire main basse sur l'Aquitaine tant convoitée et de poursuivre sa politique de reconquête du royaume mérovingien : la Bourgogne et Lyon se soumettent dès l'année suivante, tandis que la Provence tente de résister en s'alliant avec les Arabes, fournissant à Charles Martel un prétexte tout trouvé pour intervenir dans le Sud de la Gaule. Mais au-delà de l'aspect territorial, Charles Martel nourrit le projet de se hisser à la tête du monde chrétien et pour ce faire, il veut s'ériger en fervent défenseur du Christ et de son Église, s'arrogeant la mission de rétablir la prépondérance du christianisme en Occident. D'une certaine façon, Poitiers consacre donc Charles Martel et sa descendance comme nouveaux protecteurs de la foi, légitimant ainsi un pouvoir qu'ils ont usurpé aux derniers Mérovingiens.

LA CONSTRUCTION D'UN SYMBOLE

« Cette bataille n'a pas l'importance qu'on lui attribue. [...] Elle marque la fin d'un raid, mais n'arrête rien en réalité. Si Charles avait été vaincu, il n'en serait résulté qu'un pillage plus considérable. » (Pɪʀᴇɴɴᴇ (Henri), *Mahomet et Charlemagne*, Paris, Alcan, 1937) Affrontement décisif ou bien simple « contre-razzia » comme l'entendait l'historien belge Henri Pirenne (1862-1935), la bataille de Poitiers a fait couler beaucoup d'encre depuis des siècles. Les chroniqueurs contemporains ou immédiatement postérieurs témoignent de l'empreinte laissée sur les esprits de l'époque : Charles Martel est décrit comme un « valeureux guerrier », agissant « avec l'aide du Christ » qui « triomphe des ennemis » (*Continuation de la chronique de Frédégaire*, p. 244). Bède le Vénérable parle lui du « châtiment de Dieu ». À l'inverse, les chroniqueurs arabes médiévaux évoqueront la bataille du *balât al-Shuhadâ* (« l'allée des martyrs »). Récupération idéologique religieuse, mais pas seulement, à en croire l'historien français Pierre Guichard (né en 1939). En effet, il relève l'emploi fait par le chroniqueur anonyme de Cordoue du terme *Europenses* (« Européens ») pour qualifier les Francs, soulignant que l'auteur – et sans doute ses contemporains – est « conscient (jusqu'à quel point ?) de l'enjeu "géopolitique" du conflit » (Gᴜɪᴄʜᴀʀᴅ (Pierre), *Al-Andalus. 711-1492. Une histoire de l'Espagne musulmane*, Paris, Fayard, 2011).

Il convient toutefois de souligner que la figure héroïque de Charles Martel s'efface rapidement au profit de celle de son petit-fils Charlemagne (roi des Francs et empereur, 742/747-814) et que la construction du mythe autour de la bataille de Poitiers et de son vainqueur ne s'amorcera véritablement qu'au moment où la menace musulmane réapparaîtra : tout d'abord à l'époque des croisades (du XIe au XIIIe siècle), puis lors de la chute de Constantinople tombée aux mains de l'Empire ottoman en 1453. Véhicule d'un patriotisme naissant au XIXe siècle, l'affrontement de Poitiers devient un symbole de premier ordre, jusqu'à verser dans l'exagération. Chateaubriand (écrivain et homme politique français, 1768-1848), reprenant les mots de Voltaire (écrivain français, 1694-1778) quelques décennies plus tôt, stigmatisait ainsi la portée de la bataille : « Les Sarrasins avaient déjà traversé l'Espagne, passé les Pyrénées, et inondé la France jusqu'à la Loire. Karle le Martel les écrasa entre Tours et Poitiers, et leur tua plus de trois cent mille hommes (732). C'est un des plus grands événements de l'histoire : les Sarrasins victorieux, le monde était mahométan. » (*Analyse raisonnée de l'histoire de France*, Paris, Eugène et Victor Penaud frères éditeurs, 1831, p. 14) C'est également au XIXe siècle que l'épisode est récupéré, présenté – et enseigné à l'école de la République – comme l'un des premiers temps forts de la construction nationale.

Encore aujourd'hui, le débat historiographique s'anime autour du symbole et de l'imaginaire toujours florissant qu'incarne la bataille de Poitiers. Toutefois, force est de conclure en reprenant les mots de médiévistes de renom, Philippe Sénac et Françoise Michaud : « Bien des voix se sont élevées pour tenter de ramener la bataille de Poitiers à sa juste place. En vain, car, érigé en symbole, l'événement est passé à la postérité et avec lui son héros, Charles Martel. Il appartient à ce fonds idéologique commun qui fonde la nation française, la civilisation chrétienne, l'identité européenne sur la mise en scène du choc des civilisations et l'exclusion de l'autre. » (« La bataille de Poitiers, de la réalité au mythe », in *Histoire de l'islam et des musulmans en France*, Paris Albin Michel, 2006, p. 15)

EN RÉSUMÉ

714
Crise successorale suite à la mort de Pépin II de Herstal

720
Accord de paix entre Charles Martel et Eudes d'Aquitaine

721
Eudes d'Aquitaine repousse Al-Samh ibn Malik al-Khawlani à Toulouse

731
Alliance entre Eudes d'Aquitaine et le chef berbère Munûsa ; ce dernier est tué par Abd al-Rahmân al-Ghâfiqî

732
Oct. : Victoire de Abd al-Rahmân al-Ghâfiqî contre Eudes d'Aquitaine à Bordeaux
***25 oct.* : Bataille de Poitiers**

- Durant les années 710, le territoire d'*al-Andalus* est conquis par les troupes omeyyades.
- En 714, la mort de Pépin II de Herstal engendre une importante crise successorale. Son fils illégitime Charles, qui deviendra plus tard Charles Martel, tente de s'imposer.
- Les années 716-719 sont marquées par de nombreuses batailles (Amblève, Vinchy, Néry) au cours desquelles Charles parvient à s'imposer contre le maire du palais neustrien Ragenfred, qui s'est alors allié au duc d'Aquitaine, Eudes.
- Peu à peu, plusieurs villes de Septimanie cèdent face aux incursions omeyyades – à l'exception de Toulouse où le duc d'Aquitaine Eudes repousse les assauts du gouverneur de Cordoue, Abd al-Rahmân al-Ghâfiqî, en 721.
- Entre 720 et 721, Eudes n'a d'autre choix que de conclure la paix avec son adversaire, Charles.
- Dix ans plus tard, Eudes d'Aquitaine s'allie avec le chef berbère de Cerdagne, Munûsa. Dès lors, Charles considère le pacte de 720-721 rompu et décide de soumettre l'Aquitaine. Une expédition punitive contre Munûsa est par ailleurs lancée par les hommes du *wâlî* Abd al-Rahmân al-Ghâfiqî. Ce dernier, depuis Pampelune, lance un appel à la guerre sainte,

traverse les Pyrénées avec 20 000 hommes et lance une nouvelle vague d'incursions en Gaule.

- En 732, l'Aquitaine est pillée et les troupes arabes remontent vers le Nord, avec l'objectif de rallier Saint-Martin de Tours. Impuissant, Eudes d'Aquitaine appelle Charles à l'aide.
- Le 25 octobre a lieu l'affrontement entre les Francs et les troupes d'Abd al-Rahmân al-Ghâfiqî, entre Poitiers et Châtellerault. Les Aquitains prennent à revers les troupes arabes et le *wâlî* meurt sur le champ de bataille. Le lendemain, les Francs trouvent le campement ennemi vide.
- Riposte défensive franque à un raid orchestré par les troupes omeyyades, la bataille de Poitiers sanctifie l'affirmation de la suprématie des futurs Carolingiens face aux autres pouvoirs francs. Véritable revers pour les troupes arabes, elle symbolise le déclin d'un empire qui en un siècle était parvenu à dominer l'ensemble de la Méditerranée. Jadis élevé au rang de mythe, l'affrontement de 732 demeure aujourd'hui encore un symbole historique, sujet à de nombreuses controverses.

POUR ALLER PLUS LOIN

SOURCES BIBLIOGRAPHIQUES

- Anonyme de Cordoue, *Chronique rimée des derniers rois de Tolède et de la conquête d'Espagne par les Arabes*, éd. et annotée par J. Tailhan, Paris, E. Leroux, 1885.

- BALARD (Michel), GENET (Jean-Philippe), Rouche (Michel), *Le Moyen Âge en Occident*, Paris, Armand Colin, 1990.

- CARPENTIER (Élisabeth), *Les batailles de Poitiers. Charles Martel et les Arabes*, s. l., Geste Éditions, 2000.

- GAUVARD (Claude), LIBERA (Alain de), Zink (Michel), *Dictionnaire du Moyen Âge*, Paris, PUF, 2000.

- GÉAL (François), *Regards sur al-Andalus. VIIIe-XVe siècle*, Madrid, Casa de Velazquez et Paris, Éditions rue d'Ulm, 2006.

- GERBET (Marie-Claude), *L'Espagne au Moyen Âge. VIIIe-XVe siècle*, Paris, Armand Colin, 1992.

- GUICHARD (Pierre), *Al-Andalus. 711-1492. Une histoire de l'Espagne musulmane*, Paris, Fayard, 2011.

- LAURENS (Henry), TOLAN (John) et VEINSTEIN (Gilles), *L'Europe et l'Islam : quinze siècles d'histoire*, Paris, Odile Jacob, 2009.

- LEBECQ (Stéphane), *Nouvelle histoire de la France médiévale. Les origines franques (V^e-IXe siècles)*, Paris, Seuil, 1990.

- LEVILLAIN (Léon) et SAMARAN (Charles), « Sur le lieu et la date de la bataille dite de Poitiers de 732 », Bibliothèque de l'école des Chartes, 1938, vol. 99, n°99, p. 243-267.

- MICHAUD (Françoise) et SÉNAC (Philippe), « La Bataille de Poitiers, de la réalité au mythe », in Arkoun (Mohammed), *Histoire de l'islam et des musulmans en France du Moyen Âge à nos jours*, Paris, Albin Michel, 2006.

- PIRENNE (Henri), *Mahomet et Charlemagne*, Paris, Alcan, 1937.

- ROUCHE (Michel), *L'Aquitaine des Wisigoths aux Arabes, 418-781. Naissance d'une région*, Paris, École des Hautes Études en Sciences Sociales – Jean Touzot, 1979.

- ROUCHE (Michel), *Le Moyen Âge en Occident*, Paris, Armand Colin, 1990.

- RUCQUOI (Adeline), *Histoire médiévale de la Péninsule ibérique*, Paris, Seuil, 1993.

- SÉNAC (Philippe), *Le Monde musulman : des origines au Xe siècle*, Paris, Armand Colin, 2011.

- TOUATI (François-Olivier), *Vocabulaire historique du Moyen Âge (Occident, Byzance, Islam)*, Paris, La Boutique de l'Histoire éditions, 2000.

ICONOGRAPHIE

- Il existe peu de représentations iconographiques de la bataille de 732. Les peintres, depuis les enluminures médiévales jusqu'aux peintures monumentales (dont Delacroix en 1829), lui ont souvent préféré la bataille de Poitiers de 1356. On a pu toutefois identifier le tableau intitulé *Bataille de Poitiers en octobre 732*, peint entre 1834 et 1837 par Charles de Steuben (peintre français, 1788-1856), conservé dans la galerie des Batailles au château de Versailles (France).

MUSÉE

- Musée de Moussais-la-Bataille (France).

Votre avis nous intéresse !
Laissez un commentaire sur le site de votre
librairie en ligne et partagez vos coups de cœur sur
les réseaux sociaux !

L'éditeur veille à la fiabilité des informations publiées, lesquelles ne pourraient toutefois engager sa responsabilité.

www.50minutes.fr

ISBN ebook : 978-2-8062-5429-0
ISBN papier : 978-2-8062-5609-6
Dépôt légal : D/2014/12603/33
Photo de couverture : *Charles Martel à la Bataille de Poitiers*, par Charles de Steuben (1837).
©Wikimedia Commons / Domaine public

Conception numérique : Primento,
le partenaire numérique des éditeurs